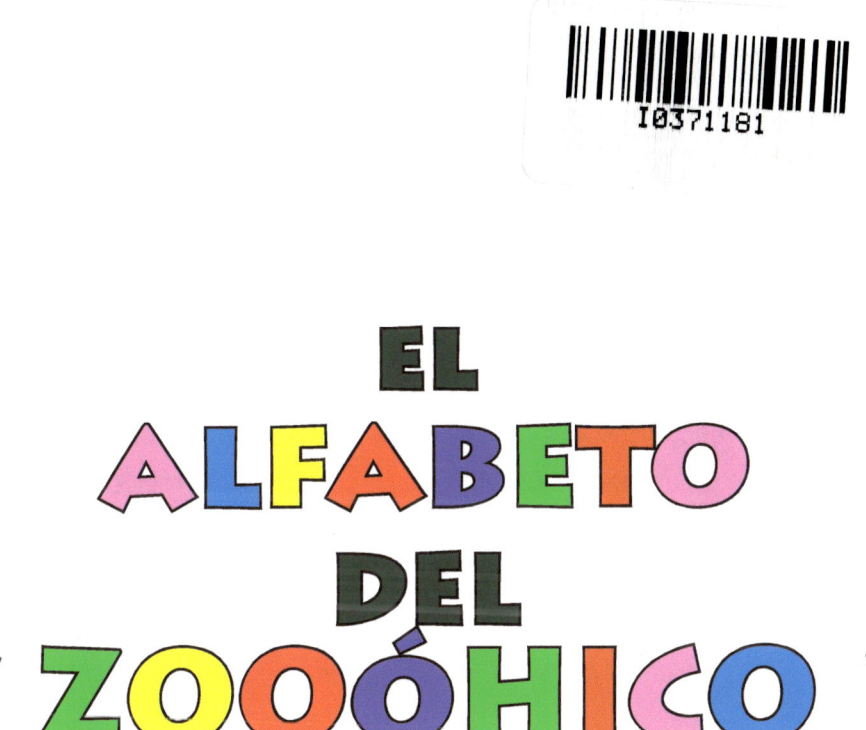

EL ALFABETO DEL ZOOÓHICO

Pat Chapman y Martha Ellis

Copyright ©2021 Todos los derechos reservados.
Ninguna parte de esta publicación podrá ser reproducida,
distribuida o transmitida en cualquier forma o por cualquier medio,
incluyendo fotocopias, grabaciones u otros métodos electrónicos
o mecánicos, sin previo permiso por escrito del editor,
salvo en el caso de citas breves incorporadas en revisiones
y otros usos no comerciales permitidos
por la ley de derechos de autor

978-1-7398104-6-7 (Libro de bolsillo)
978-1-7398104-8-1 (Libro electrónico)
978-1-7398104-7-4 (Tapa dura)

Impreso en el Reino Unido

AEGA Design Publishing Ltd Kemp
House, 160 City Road, Londres
EC1V 2NX Reino Unido
www.aegadesign.co.uk
info@aegadesign.co.uk

 es para **CAIMÁN,**

¡Mira! Te está sonriendo.
Los caimanes viven en pantanos,
Escondidos por la verde y espesa mugre.

B es para
BISONTE,

Grande, peludo y marrón. Se encuentran en las llanuras abiertas, Hacen un sonido de resoplido

 es para
GUEPARDO,

El animal más rápido sobre la tierra.

 is for
CHIMPANCÉ

Con los pies que se usan como manos.

D es para
DELFIN,

**Una pequeña
y amistosa
ballena, que salta
y juega
en el océano,
usando su cola
como timón.**

E es para
ÁGUILA,

Conocida por su visión aguda. Es el símbolo de la libertad en Estados Unidos Es poderosa cuando vuela.

F es para
RANA,

Mírala saltar y saltar, A veces tomando el sol o recostada en una roca.

G es para
JIRAFA,

La más alta de
los cuadrúpedos,
Con un cuello
muy largo,
dos orejas
pequeñas,
Y cuatro piernas
manchadas
que parecen
escaleras.

H es para
HIPOPÓTAMO,

Nadando en
el rio fangoso.
Cuando abra
su boca de gran
tamaño, te hará
temblar
de inmediato.

I es para
IGUANA,

Corriendo por el suelo. Este gran lagarto tropical es, usualmente, verde o marrón.

J es para
MEDUSA,

Holgazaneando en el océano. Casi puedes ver a través de ella Mientras flota en cámara lenta.

 es para
CANGURO,

Con su larga cola y una amplia bolsa, Para que la madre pueda llevar a su bebé mientras duerme o mira hacia afuera.

Les para
LÉMUR,

Saltando de un árbol a otro, Alerta, con los ojos bien abiertos Durante su juerga nocturna.

M es para
SURICATA,

De pie y
siempre alerta.
Les encanta jugar
en grupos
familiares, pero
siempre habrá
un guardián.

N es para
NENÉ,

El ave estatal
de Hawaii.
El ganso más raro
del mundo.
Se encuentra en
Kauai y Maui.

O es para
BÚHO,

Un pájaro viejo
y sabio,
Siempre
diciendo,
´´Wuu´´
¡Escucha!
¿Lo has oído?

Wu-uu… Wu-uu

P es para
PINGUINO,

**Con sus pies felices en la nieve,
Caminando en un traje de camuflaje,
Que parece un esmoquin.**

Q es para CODORNIZ,

Un pájaro pequeño,
con una corta cola,
Regordete como
una pelota
de futbol.
Araña el suelo
en busca
de comida.

R es para
RINOCERONTE,

Con un cuerno grande y una piel muy gruesa, una nariz que alerta del peligro mientras olfatea el viento.

S es para
OVEJA,

Con abrigos esponjosos de lana, Siguiendo al líder como lo hacemos en la escuela.

T es para
TIGRE,

El más grande de todos los gatos, con rayas oscuras en su piel de color rojo anaranjado Para camuflajear su espalda.

U es la última letra de
ÑU (Nuevo),

Un gran antílope africano, Con una larga cabeza, una melena, y una barba, parecida a la de una cabra.

V es para
BUITRE,

Volando alto
en el cielo,
Con su visión
binocular,
En grupos
suelen volar.

 es para
JABALÍ,

Arrodillándose para buscar comida
Con colmillos como los de un elefante
Y con una apariencia de ser bastante grosero.

 es la última letra de **ZORRO,**

Un perro salvaje, cauteloso y astuto Con una cara puntiaguda y una cola tupida Y un aullido aterrador.

Y es la última letra de **MARIPOSA,**

Bebiendo profundamente de cada flor, mientras vuela de flor en flor, entregando polen a cambio.

Z es para CEBRA,

Con rayas en blanco y negro,
Parece casi un caballo…
Con mas capacidad de mantenerse fuera de vista.

Estas aprendiendo el alfabeto con animales reales para ayudarte a empezar. Volvamos a la letra A

¡Y hagámoslo otra vez!

LAGNIAPPE

Los **COCODRILOS** llegan a tener hasta 80 dientes a la vez, y a lo largo de su vida, pueden tener de 2,000 a 3,000 dientes a medida que les crecen nuevos dientes para reemplazar los ya usados.

El **BISONTE** puede correr 40 millas por hora y saltar hasta una altura de 6 pies.

Los **GUEPARDOS** son gatos que no pueden trepar los árboles. Cazan a su presa durante el día y solo toma agua cada 3 o 4 días.

Los **CHIMPANZEES** pasan gran parte de su tiempo acicalándose, haciéndose cosquillas, y abrazándose y besándose. A menudo inventan juegos y actividades para entretenerse.

Los **DELFINES,** al ser mamíferos, necesitan salir a la superficie del agua para respirar. Se ha observado a la as madres de delfines anidando y abrazando a sus crías.

Las **AGUILAS** regresan cada año al mismo nido, reparándolo y añadiéndole cosas cada vez. Este nido remodelado ha llegado a crecer hasta los 8 pies de ancho, 15 pies de alto y a pesar hasta 2 toneladas.

A las **RANAS** en grupo se les llama un ´´ejercito´´. Las ranas no beben agua con la boca; la absorben a través de la piel.

Las **JIRAFAS** solo duermen de 10 a 2 horas al día… Los patrones en la piel de las jirafas son totalmente únicos (lo que significa que no hay dos jirafas iguales).

Los **HIPOPOTAMOS** son considerados entre los animales mas peligrosos de África. Los hipopótamos se alojan en el agua durante el día y pastan por la hierba en la noche.

Las **IGUANAS** pueden desprender sus colas si son atrapadas y luego les crece otra.

Las **MEDUSAS** no tienen huesos, ni cerebro, ni corazón.

Los bebes **CANGURO** se ven como gusanos rosados sin pelo cuando nacen y son del tamaño de un frijol. Hay mas canguros que humanos en Australia.

Los **LEMURES** tienen uñas planas similares a la de los humanos. La cola de un lémur es mas larga que su cuerpo y se puede utilizar para el equilibrio, así como la comunicación.

Los **SURICATOS** siempre tienen un centinela de guardia para vigilar a los depredadores mientras los otros buscan comida. Dan diferentes señales para alertar al clan de que se dirija a la madriguera o simplemente se agache hasta que pase el peligro.

El **NENÉ**, el ave estatal de Hawái, es un ganso que se encuentra en todas las islas de Hawái...

Los **BUHOS** tienen tres parpados: uno para parpadear, uno para dormir y otro para mantener el ojo limpio. Las orejas de un búho son de diferentes tamaños y están a diferentes alturas en la cabeza para ayudar en la audición superior.

Los **PINGÜINOS** pueden permaneces bajo el agua durante 10-15 minutos antes de salir a la superficie para respirar. Nadan tan rápido que pueden impulsarse 7 pies sobre el agua. Todos los pingüinos viven en el hemisferio sur desde la Antártida hasta las Islas Galápagos.

Las **CODORNICES** son consideradas aves terrestres. Solo pueden volar una distancia corta y por lo general se encuentran caminando. Las codornices se bañan en polvo para mantener sus plumas limpias y mantener alejadas a alas plagas.

La piel de los **RINOCERONTES** adultos tiene hasta 2 pulgadas de espesor. Se sumergen en el barro durante horas al día para proteger su piel de las plagas que pican y el calor del sol. Los rinocerontes pueden pesar entre 2000 y 6000 libras. Aun así, pueden correr hasta 28 millas por hora…¡Y solo apoyados en los dedos de sus pies!

Las **OVEJAS** producen alrededor de 8 libras de lana en un año. Cuando se les corta el pelo a las ovejas se le llama ´´esquila´´. Una libra de lana puede hacer 10 millas de hilo. (Nota: hay 450 pies de hilo de lana dentro de una pelota de beisbol.)

Los **TIGRES** son gatos que no pueden ronronear. En lugar de ronronear para mostrar felicidad, el tigre entrecerrara sus ojos o los cerrara por completo. El acto de cerrar los ojos se traduce como ´´Me siento muy feliz cuando estás aquí y ahora puedo relajarme.´´

Los **ÑU** son animales ruidosos. Emiten constantemente gemidos bajos y, si son perturbados, inhalan explosivamente.

Los **BUITRES,** cuando son amenazados, vomitan para aligerar su peso corporal para que puedan escapar más fácilmente en vuelo. Los buitres son aves que no tienen canto. En cambio, se limitan a gruñidos, silbidos y palmadas de pico.

Los **JABALIES** son corredores muy rápidos. Cuando lo hacen, sus colas se quedan en el aire. Los jabalíes se doblan sobre sus rodillas acolchadas para pastar y buscar bulbos y raíces.

Los **ZORROS** tienen pupilas verticales, similares a las de un gato, lo que les ayuda a ver bien en la noche. Los zorros usan el campo magnético terrestre, como un misil guiado, cuando cazan. Son animales juguetones que han sido conocidos por robar pelotas de los campos de golf.

Las **MARIPOSAS** saborean con los pies ya que no tienen boca. En cambio, chupan la comida con una especie de paja llamada probóscide. Además, los ojos de las mariposas constan de 6,000 lentes.

Las **CEBRA** tienen patrones de rayas que son diferentes para cada individuo, haciéndolos tan únicos como los copos de nieves y las huellas dactilares humanas. Las cebras se preocupan la una por la otra. Cuando una es herida por el ataque de un depredador, otras cebras rodean al individuo herido e intentaran alejar a los depredadores.

Acerca de los Autores

      Pat Chapman y Martha Ellis son fotógrafos y escritores; sin embargo, su objetivo es llevar al planeta a otros de formas creativas y que cambian la vida. Continúan explorando con sueños de despertares mas profundos en su propio futuro.

Los libros anteriores de tales experiencias incluyen *Journey to the Seventh Continent*, sobre su expedición a la Antártida, y *They Laugh In My Language*, lleno de fotos y poemas que revelan los hilos comunes de la humanidad a través de las expresiones de los niños.

El cien por ciento de las ganancias generadas
por las ventas de su libro van dirigidas a una fundación para
la educación de los niños.

www.ingramcontent.com/pod-product-compliance
Lightning Source LLC
Chambersburg PA
CBHW042235090526
44589CB00001B/5